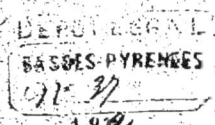

LE CAPITAINE DÖAT

A L'ARMÉE DES PYRÉNÉES-OCCIDENTALES

SUITE DE LA CONFÉRENCE

Aux Officiers du 142e Territorial

PAR LE

Lieutenant-Colonel **STRASSER**

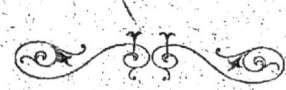

BAYONNE
Imprimerie A. LAMAIGNÈRE, 9, rue Jacques Laffitte

1891

LE CAPITAINE DOAT

A L'ARMÉE DES PYRÉNÉES-OCCIDENTALES

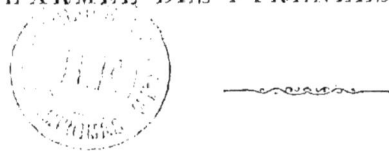

SUITE DE LA CONFÉRENCE

Aux Officiers du 142e Territorial

PAR LE

Lieutenant-Colonel STRASSER

BAYONNE

Imprimerie A. LAMAIGNÈRE, 9, rue Jacques Laffitte

1891

Le Capitaine DÖAT

A L'ARMÉE DES PYRÉNÉES-OCCIDENTALES

Nous devons à une amitié qui nous est d'autant plus chère qu'elle est née de la confraternité militaire et de la concordance des sentiments, communication d'un brevet de capitaine et de six lettres pieusement conservées se rattachant à notre histoire régionale, à la période révolutionnaire, et tout spécialement à l'armée des Pyrénées-Occidentales.

M. le colonel Lespinasse, Bayonnais par sa grand'mère, redevenu Bayonnais après de longues années consacrées à servir la France, nous a autorisé à prendre copie de ces lettres, et nous nous empressons d'en donner connaissance à ceux qui ont visité avec nous les vallées de la Nive et les théâtres de quelques-uns des sanglants combats qui s'y sont livrés, persuadé qu'elles ne peuvent manquer de les intéresser.

Deux mots d'abord sur le citoyen Döat :

Il appartenait à une famille nombreuse dont il était le septième enfant, comme il nous l'apprend dans sa franche et soldatesque émotion.

Sans être riche, la famille Döat avait une bonne aisance et jouissait d'une grande considération dans le pays, ce qui valut au jeune volontaire d'être fait capitaine d'emblée quand, à la coalition européenne, le Comité de salut public opposa la levée en masse.

Nommé capitaine de la 2ᵉ compagnie du 3ᵉ bataillon de la Dordogne, le 10 octobre 1792, par le Directoire du département, il est envoyé à l'armée des Pyrénées-Occidentales lorsque l'Espagne, entrant follement dans la coalition contre la France, menace la frontière, et il ne tarde pas à en venir aux mains avec l'ennemi.

Le capitaine Döat a pris part aux opérations autour de St-Jean-Pied-de-Port ; il s'y fit remarquer par sa bravoure et son sang-froid ; il assiste à l'affaire du 1er juin 1793 qui s'étendait du col d'Ispéguy au col d'Orisson (1) et qu'il relate avec une netteté et une précision qui corroborent en tous points les documents qui ont paru sur ce sujet.

Appelé ensuite à Bayonne en qualité d'adjoint à l'adjudant-général, chef de brigade, agent supérieur près l'armée des Pyrénées-Occidentales, il continue à entretenir sa famille, qui habite Bergerac, des événements qui se passent à la frontière.

C'est avec sa sœur aînée et avec son beau-frère Lespinasse, oncle du colonel, que Döat correspondait tant pour ses intérêts personnels que pour leur raconter les combats auxquels il prend part, ou dont la nouvelle parvient à l'état-major auquel il est attaché.

Il est bien regrettable qu'on n'ait pas conservé toute la correspondance du capitaine Döat ; par ce que nous en possédons, on peut juger de l'importance qu'elle aurait eue pour l'histoire d'une période encore si peu connue.

Nous savons qu'il existait des relations amicales entre lui et Harispe, et les lettres échangées entre ces deux hommes, bien faits pour se connaître et s'estimer, eussent été précieuses à notre époque si avide de lumière et de vérités historiques.

Döat appartenait à cette pléiade d'hommes que la Révolution fit naître ; que la gloire des armes attirait (a dit Mme de Staël), apportant à l'armée les vertus qui manquaient aux hommes employés dans les carrières civiles : le sentiment du devoir, l'amour de la patrie, la persévérance, le dévouement, l'audace et la bonté même, quand l'impétuosité de l'attaque n'altérait pas leur caractère naturel. Non-seulement ils bravaient la mort avec cette incroyable énergie qu'on retrouvera toujours dans

---

(1) Voir la carte de *St-Jean-Pied-de-Port et des vallées de la Nive*.

leur sang et dans leur cœur ; mais ils supportaient les plus affreuses privations avec une sérénité sans exemple.

Döat se distinguait surtout par sa haute intelligence, son caractère, sa vigueur : nous avons des preuves que son tempérament fortement trempé ne se laissait point abattre par les revers ; dans ses lettres, après les défaites, il ne parle que de *prendre la revanche ; d'aller de l'avant, de battre l'ennemi dans toute la force du terme !*

S'il eût poursuivi la carrière militaire, il serait devenu sans doute une des gloires de la France, comme ses camarades Moncey et Harispe ; mais, bien que républicain, et ayant accepté avec enthousiasme les idées modernes, les exagérations d'une liberté sans frein refroidirent bien vite, dans cette belle âme, l'enthousiasme que la liberté avait fait naître.

Puis il avait fait la connaissance à Bayonne d'une très jolie femme, mademoiselle Elissalde, à laquelle il donna son cœur et qu'il ne tarda pas à épouser.

Au traité de Bâle, qui nous donnait la paix avec l'Espagne (juillet 1795), il revint sur ses terres, à Berdicalet, près Bergerac, domaine qui appartenait à sa famille descendant de J. Martheil, une des victimes de sa foi protestante, enfermé dix-sept ans au bagne, et qui n'en sortit que sur les instances de la reine d'Angleterre.

Heureux de pouvoir désormais se reposer après le devoir accompli envers sa patrie, bien que jeune encore, Döat se donna tout entier à son goût pour l'agriculture dans ce beau et pittoresque Périgord qui devait plus tard nous faire connaître Bugeaud, cet autre vaillant soldat, doublé d'un agronome distingué.

3ᵉ Bataillon   Compagnie N° 2

Volontaires Nationaux
DU DÉPARTEMENT
DE LA DORDOGNE

Par procès-verbal du 4 septembre 1792, déposé au greffe du département de la Dordogne, apert que le citoyen Döat a été nommé au grade de capitaine de la compagnie n° 2 du troisième bataillon des volontaires nationaux du dit département, conformément à la loi du 12 août 1791.

En foi de quoi, Nous, administrateurs composant le Directoire du département de la Dordogne, lui avons délivré le présent, pour lui tenir lieu de brevet.

A Périgueux, en Directoire, le 10 octobre 1792, l'an 4ᵉ de la Liberté et le 1ᵉʳ de la République française.

Signés : Durand. Bontemps. Tert. Brossard.
                Couderc. Varnavau.

De St-Jean-Pied-de-Port, le 9 juin 1793 ;
l'an 2ᵉ de la République.

Ma chère sœur (1). J'ai reçu tes deux lettres des 26 et 28 mai, les deux me sont parvenues le 4 courant, ainsi que celle de ton mari, du premier du passé. Il faut qu'elle ait furieusement retardé. Je vois avec bien de la peine, ma bonne amie, que ton mari soit toujours absent ; je désire bien que son absence et que toutes ses fatigues ne lui occasionnent pas de maladie fâcheuse.

Sans doute, tu auras reçu ma lettre du 1ᵉʳ par laquelle je te disais que je faisais passer à Döat, par le même courrier, 1,200 livres.

Je crains bien d'avoir fait une sottise, mais en grâce, ne néglige pas de m'en accuser réception.

Pour le coup, ma bonne amie, nous venons d'avoir une affaire des plus sérieuses avec l'ennemi.

J'ai bien cru que le pauvre Septième y laisserait la carcasse, mais grâce pour cette fois ! J'ai perdu mon pauvre lieutenant d'Armagnac, que je regrette de toute mon âme. Il pourrait se faire qu'il n'est que prisonnier, mais je crois beaucoup qu'il est mort de fatigue, attendu que nous étions entrés très avant dans le pays ennemi et que tout à coup, il se présenta une force majeure qui nous repoussa vigoureusement ; il fallut battre en retraite avec beaucoup de précipitation. En suite, le désordre se mit dans l'armée par la lâcheté (2) d'un détachement du

---

(1) Nous avons respecté le style et la crudité de certains mots, qui donnent à ces lettres, écrites sous le coup de l'émotion du combat et pour l'intimité, une saveur toute particulière.

(2) Nous avons dit, dans notre conférence, que pour occuper tous les passages par lesquels les Espagnols pouvaient pénétrer dans les vallées de la Nive, les Français avaient commis la faute de trop disséminer leurs forces.

C'est sans doute un de ces petits détachements destiné à garder l'un de ces passages qui, attaqué par des forces supérieures, aura été obligé d'abandonner son poste, compromettant ainsi la retraite du 3ᵉ bataillon de la Dordogne trop imprudemment avancé dans la vallée de Bastan. On se rappellera, pour rendre justice au 1ᵉʳ bataillon des Basses-Pyrénées, que le 18 mai,

premier bataillon des Basses-Pyrénées, de manière que tout cela réuni, escaladant les montagnes avec une très grande vitesse, le pauvre d'Armagnac se trouva le cœur serré et suffoqué par une vive chaleur, de manière qu'il se jeta à terre en disant qu'il ne pouvait aller plus loin. Il faut encore ajouter qu'il avait bu une certaine quantité d'eau-de-vie.

J'en avais bu aussi, mais avec modération, il fallait bien se soutenir : nous étions sur pied depuis trois jours et trois nuits.

Malgré tout ce désordre, j'ose le dire, et mes chefs l'ont parfaitement remarqué, ma compagnie et moi avons bien gardé notre sang-froid, puisqu'il est vrai que j'ai été chargé par notre commandant de rester tout à fait en arrière pour protéger la retraite et pour éviter que l'ennemi, qui nous poursuivait de très près, ne nous fît des prisonniers. Nous réussîmes parfaitement, puisque nous n'avons perdu que le commandant du 1er bataillon des Basses-Pyrénées, mon lieutenant et un caporal, tous les trois morts de fatigue.

L'ennemi, qui nous envoyait des balles aussi épaisses que la grêle, n'a cependant pas eu l'adresse de nous toucher.

Arrivés à notre camp, nous pensions nous reposer. Point du tout ! Nous recevons l'ordre de lever le camp et de l'évacuer de suite, attendu que l'ennemi avait fait une attaque vigoureuse sur un camp appelé le camp d'Orisson (1), tout près de St-Jean.

Nous avons perdu 800 hommes tant morts que blessés ou prisonniers, tous les effets de campement.

Le général La Genetière a été fait prisonnier.

---

défendant le col de Berdaritz attaqué par 1,800 Espagnols, non-seulement il ne se laissa pas intimider, mais qu'après avoir vigoureusement repoussé l'ennemi. Desolimes, qui mourait malheureusement frappé d'insolation le 1er juin en ramenant rapidement son bataillon au secours de St-Jean-Pied-de-Port, avait, par une manœuvre aussi habile qu'audacieuse, repris les postes d'Arnéguy et d'Andarolla, momentanément occupés par l'ennemi.

(1) Château-Pignon.

Bien des personnes disent qu'il a émigré dans cette affaire ; d'autres disent qu'il n'était pas en état de commander et qu'il a perdu la tête. Quant à moi, c'est mon opinion.

Si l'ennemi eût été entreprenant, il serait déjà arrivé à Pau. Mais nous sommes maintenant en force et j'espère qu'avant peu, c'est-à-dire, dans trois ou quatre jours, nous aurons la revanche et nous irons de l'avant ; car nous allons être au moins 15,000 hommes. Nous n'étions que quatre à cinq mille contre 12,000 ; il n'est donc pas étonnant qu'il nous ait battus.

Cela n'empêche pas que, malgré notre peu de force, l'ennemi a perdu au moins 2,000 hommes.

Mais comme nous allons les frotter !

Que l'affaire d'Armagnac ne s'ébruite pas encore, attendu qu'il est essentiel, avant que cela ne vienne aux oreilles de sa femme, de s'avoir s'il est mort ou prisonnier.

La peur a beaucoup contribué à son malheur, car lorsque je me retirais, il me dit : — Capitaine, l'estomac me manque. — Mais, ma foi, je ne pus lui donner de secours malgré tout l'intérêt que je prenais à lui ; il ne faisait pas bon dans l'endroit où il était, car le commandant voulut donner dix louis à un homme très robuste pour lui porter secours qui les refusa tout net.

Juge s'il faisait bon !

Adieu, ma chère sœur, assure la maman de mon respect en l'embrassant pour moi ; bien des choses pour moi à ton mari, si tu as le bonheur de l'avoir près de toi. Embrasse-le d'aussi bon cœur que je le ferais moi-même.

Adieu donc et crois-moi pour la vie ton affectionné frère.

DOAT.

Bien reconnaissant au souvenir de toutes ces dames, présente-leur à toutes mes respects.

Je n'écris point à Döat (1) par ce courrier ; prie-le, je t'en prie, de ne pas négliger de me répondre à la lettre où les 1,200 livres sont, car je crois que personne n'en croirait rien si elle venait à se perdre.

Bayonne, le 30 germinal, l'an 2ᵉ de la République une et indivisible.

Quatre mots à la hâte, mon cher Lespinasse, pour vous faire part des nouvelles favorables de l'armée de Perpignan : nous avons de ce côté-là remporté plusieurs avantages.

Vous savez sans doute aussi que le roi des marmottes joue un bien triste rôle, puisque les points les plus essentiels de son pays nous appartiennent.

Je ne vous apprendrai pas avec moins de plaisir que 180 pièces d'artillerie sont arrivées ici en grande partie et que avant quinze jours vous entendrez parler de l'armée des Pyrénées-Occidentales.

Dans tous les cas, mon premier soin sera de vous informer de tout ce qui se sera passé, pourvu que je puisse m'en tirer. A la vérité, en général, ceux qui vont là sans crainte, sont ceux qui s'en sortent le mieux.

Mon devoir, l'amour de ma patrie et mon courage, tout cela m'est un sûr garant qu'il ne m'arrivera pas d'événements fâcheux. J'espère même, sans me flatter, que si je trouve l'occasion de me distinguer, je ne la manquerai pas.

Adieu, mon cher Lespinasse, je vous embrasse ainsi que votre femme.

DÖAT.

Point de voyage dans l'intérieur cette année. Gorsse vous aura sans doute présenté un bon de 100 livres ; son départ fut si précipité et, comme je ne touche maintenant

---

(1) Son frère aîné.

mes appointements que par trimestre, je me trouve un peu à court, c'est pour cela que je lui donne cette note.

Bayonne, 7 floréal, l'an 2ᵉ de la République une et indivisible.

Je viens de recevoir votre lettre du 29 expiré, mon cher Lespinasse, j'y vois avec peine que vous venez d'avoir la fièvre de rhume. Je vous dirai que je suis à peu près, depuis cinq jours, dans cet état ; cependant cela va très bien ainsi, il faut compter comme non avenu.

De grands changements viennent de s'opérer, mon cher Lespinasse, dans cette armée : le Comité de salut public vient de destituer quatre généraux de division, trois généraux de brigade et deux ou trois adjudants-généraux.

Tout cela fait un fier changement !

Le malheur, c'est que la plus part de ceux que le Comité de salut public a nommés pour le remplacement ne sont réellement pas en état. C'est fâcheux, surtout au moment où nous nous disposons à terrasser les satellites espagnols. Il faut cependant espérer que cela ne nous arrêtera pas et que le courage des hommes libres suppléera assez au talent. D'ailleurs, nous en avons donné des preuves non équivoques dans un temps où la République était encore chancelante ; mais aujourd'hui ses bases sont impérissables et, malgré tous les tyrans coalisés, nous serons libres, puisque nous l'avons juré !

Moins que jamais, il m'est impossible de quitter mon poste, à moins que de nouveaux ordres ne soient donnés, à l'adjudant-général auquel je suis attaché, pour se porter dans quelque autre partie de l'armée qui fût alors moins près de la frontière et par conséquent plus à portée de Bordeaux. Ainsi, je regarde comme impossible de vous embrasser avant les premiers jours de l'hiver prochain : à cette époque, j'espère que j'aurai quelqu'anecdote de ma campagne qui ne me fera du tort. J'espère même que, parmi les Bergeracois, je serai mis au nombre de ceux qui se seront montrés avec courage et sang-froid. Dans toutes les circonstances où j'ai pu me montrer, les personnes sous lesquelles j'ai été ont remarqué en moi ces mêmes qualités, et c'est véritablement ce qu'il me fallait pour tenir lieu des connaissances qu'un vrai bon militaire doit avoir.

Mais aujourd'hui on est assez indulgent, il le faut même de toute nécessité.

Nouveaux avantages remportés par l'armée de Perpignan : Collioure sans doute est encore à nous dans ce moment. L'ennemi paraît vouloir profiter du moment où l'armée se trouve désorganisée pour nous attaquer : nous pensions l'être aujourd'hui.

Rien n'a encore bougé et il est six heures du soir.

Je vous ferai part de tout.

Adieu, je vous embrasse mille fois.

DOAT.

Il me tarde d'aller manger les crêpes à La Beaume. Vous faites bien de faire voir à ces tigres que nous sommes bien persuadés que leur règne *n'est plus de ce monde !*

Ma chère sœur, ces quatre mots pour te dire que, lorsque quelques parents de mes volontaires vont demander des nouvelles des volontaires que je puis avoir dans ma compagnie, tu peux leur répondre que je suis entièrement séparé du corps et que, par conséquent, je ne sais point ce qui s'y passe.

Ma chère amie, je recevrai avec beaucoup de plaisir quelques paires de bas, deux paires surtout gros blanc pour la botte. J'ai eu plaisir de t'accuser réception, dans le temps, de mes souliers et je me rappelle même que je t'observais alors qu'ils me devenaient fort inutiles, attendu que je suis tenu d'être toujours en bottes.

Il me tarde beaucoup d'embrasser Mergier, c'est un bon patriote.

Adieu, je t'embrasse sans oublier la maman, je te prie.

DOAT.

Dis-moi en réponse si Lespinasse a été chez vous autres savoir si vous aviez quelque chose à le charger pour moi. Il le devait, je pense, d'après les services que je lui ai rendu dans sa maladie.

Bayonne, 11 thermidor, l'an 2ᵉ de la République française une et indivisible.

L'adjoint à l'adjudant-général, chef de brigade, agent supérieur près l'armée des Pyrénées-Occidentales (1), au citoyen Lespinasse, négociant à Bergerac.

Mon cher Lespinasse, vous saurez que depuis quatre jours notre armée est entrée en Espagne (2).

Déjà nous sommes en possession de la riche vallée de Bastan qui contient quatorze grands villages. Nos troupes sont à même de tourner les redoutes formidables qui nous empêchent de nous emparer du pas de D'hiron (3). Une fois que nous aurons cela et Fontarabie, qui est presque en cendres dans ce moment, nous espérons être bientôt sous les murs de Pampelune et, comme rien n'est impossi-

---

(1) On remarquera que la formule de correspondance militaire prescrite par le règlement du 28 décembre 1883 n'est point nouvelle, puisque nous la retrouvons en l'an II de la République.

(2) Nous savons que c'est le 25 juillet 1794 que la division de gauche, sous les ordres de Moncey, pénétrait en Espagne par les cols de la vallée de Baïgorry.

(3) *Irun*, sur la rive gauche de la Bidassoa, où les Espagnols avaient élevé de fortes redoutes et armé d'une artillerie formidable une série de positions s'étendant de Fontarabie au col de Maya. Le mouvement tournant, si ponctuellement exécuté par la division de Saint-Jean-Pied-de-Port, avait pour but de faire tomber toutes les forces accumulées sur les bords de la Bidassoa.

ble aux armes des républicains, nous pourrions bien, en faisant la jonction avec l'armée des Pyrénées-Orientales, aller faire un tour à Madrid.

On n'a cependant encore aucun résultat positif de cette affaire.

Je ne suis que fâché que mon poste me tienne à Bayonne ; cela me prive de partager les périls et la gloire des braves frères d'armes, mais qu'y faire ? Il faut remplir son devoir partout.

On ne sait point la perte que nous avons faite, mais il paraît que, dans les proportions, nous avons perdu beaucoup d'officiers. J'aurai soin de vous instruire de tout. Vous voyez que l'armée des Pyrénées-Occidentales commence à prendre une tournure.

Le général Pinet (1) s'est distingué par son intelligence et son courage.

Adieu, je vous embrasse ainsi que toute la famille.

Doat.

A Bayonne, le 18 thermidor, l'an 2e de la
République française une et indivisible.

L'adjoint à l'adjudant-général, chef de brigade, agent supérieur près l'armée des Pyrénées-Occidentales, au citoyen Lespinasse l'aîné, négociant à Bergerac.

Ma dernière, mon cher Lespinasse, a dû vous apprendre la grande victoire remportée sur les satellites espagnols. Je vous annonçais d'être bientôt maîtres du port de Saint-Sébastien, avec la ville et ses dépendances. C'est ce que je vous confirme aujourd'hui : nous nous sommes emparés de tout cela sans grande résistance. Vous devez juger par là que nous ne perdons pas beaucoup de monde.

---

(1) Frère du conventionnel attaché à l'armée des Pyrénées-Occidentales, originaire de Bergerac.

Nous avons pris de plus six bâtiments chargés de toute sorte de vivres ; les capitaines ont cru que ce port appartenait toujours à l'Espagne. On assure que nous serons bientôt maîtres de Pampelune. Après, ma foi ! presque rien ne s'oppose a notre passage pour nous rendre à Madrid.

Une grande partie d'un régiment suisse a mis bas les armes et a volé dans l'armée républicaine.

Voilà tout, mon cher Lespinasse. Je vous embrasse. Comptez toujours sur mon exactitude à vous faire part de tout ce qui se passe.

Döat.

Embrassez ma sœur pour moi et dites-lui que j'ai reçu sa lettre du 11 courant.

Bayonne, 12 frimaire, 3e année républicaine.

Döat, adjoint à l'état-major général de l'armée des Pyrénées-Occidentales, au citoyen Lespinasse l'aîné, négociant à Bergerac.

Je suis arrivé, mon cher Lespinasse, le 9 courant au soir, un peu fatigué, mais enfin me voici.

L'armée, mon cher, a été attaquée le 4 courant et même nous avons été battus ; mais ma foi, le 5, nous avons pris notre revanche (1). Nous avons repris tous nos postes de

---

(1) Sous l'imprudente inspiration des représentants, que la prise de Pampelune attirait de plus en plus, et malgré la sage résistance de Moncey, les hostilités un instant interrompues furent reprises. Le 4 frimaire le général Marbot, reprenant l'offensive, s'empare des villages d'Olaïz, d'Olague et de Sorauren. Mais le général espagnol Urutia, accourant avec des renforts considérables, force les Français à la retraite jusque sur les hauteurs d'Ostiz, sur la route de Pampelune. La situation ne laissait pas que de devenir des plus critiques pour ces troupes ayant épuisé complètement leurs cartouches. Attaquées le 5 à la pointe du jour, elles commençaient à faiblir, lorsqu'un bataillon basque, commandé par Harispe, venant de Zubiri, à travers la montagne, par une marche longue et pénible, apparut brusquement derrière les Espagnols ; l'effet

la veille, battu l'ennemi dans toute la force du terme et fait 1,200 prisonniers qui, conformément au décret de la Convention nationale, (1) qui ordonne de ne plus faire de prisonniers espagnols, ont été fusillés sur-le-champ.

C'est une cruelle obligation à remplir, puisqu'il est vrai que le caractère du Français n'est pas d'égorger de sang-froid ses semblables, et enfin, pour tout dire : le Français est bon et humain ; mais lorsque les nations n'ont ni foi ni honneur, il faut par force être féroce.

Voilà, mon cher Lespinasse, toutes les nouvelles du jour.

J'apprends dans ce moment que partie de l'armée marche sur Bilbao. J'aurai soin de vous instruire du résultat de ce mouvement.

J'ai placé le mandat que vous m'avez envoyé ; recevez de nouveau mes remerciements.

Instruisez-moi, je vous prie, du retour de mon frère ; j'ai trouvé une lettre de lui écrite de Paris, le 21 passé. Je ne sais s'il aura reçu celle que je lui écrivis de Mont-de-Marsan. Dites-lui qu'il la réclame à son hôtel, s'il ne l'a pas reçue.

Adieu, je vous embrasse ainsi que ma sœur et la maman.

DOAT.

FIN

---

produit fut extraordinaire. Au même instant les Français, reprenant courage, fondirent à la baïonnette sur les ennemis, en firent un massacre épouvantable. « On fit peu de prisonniers, dit le citoyen B.., qui parle seulement de 600 hommes laissés sur le champ de bataille par les Espagnols. La plus part de ceux qui tombèrent entre les mains des Français furent impitoyablement massacrés après l'action, conformément au décret du Comité de salut public ordonnant la guerre à outrance, décret que Pinet, le très fougueux représentant attaché à l'armée des Pyrénées-Occidentales, compatriote de Doat, faisait exécuter inexorablement.

(1) Ce décret du Comité de salut public fut désapprouvé par la Convention après le beau rapport de Tallien.

www.ingramcontent.com/pod-product-compliance
Lightning Source LLC
Chambersburg PA
CBHW060629050426
42451CB00012B/2508